Denken und Rechnen 1

ISBN 978-3-8377-4961-8

Name:

Klasse:

Ich habe die Übungen erfolgreich bearbeitet am:

Seite		Datum
2	Links oder rechts?	
3	Fingerzahlen	
4	Zählstrategien	
5	Nachbarzahlen	
6	Ordnungszahlen	
7	Zahlen vergleichen	
8	Geometrische Körper und Formen	
9	Schüttelboxen	
10	Immer 10	
11	Addieren am Zehnerfeld	
12	Tauschaufgaben	
13	Sachaufgaben – Zoo	
14	Zahlen bis 20 – Nachbarzahlen	
15	Vorgänger und Nachfolger	
16	Subtrahieren am Zehnerfeld	
17	Zahlen vergleichen	
18	Addieren	
19	Zahlenstrahl	
20	Euro und Cent	
21	Addieren, Subtrahieren und Ungleichungen	
22	Symmetrie / Spiegelung	
24	Verdoppeln	
25	Halbieren	
26	Daten, Zufall und Wahrscheinlichkeit	
28	Sachaufgaben	
29	Geld	
30	Rechendreiecke	
31	Zahlenmauern	
32	Uhr	

2 Links oder rechts

Was siehst du links? ← Was siehst du rechts? →

1.

← 2 → 1

2.

← 9 → 5

3.

← 11 → 5

4.

← 1 → 10

5.

← 3 → 11

6.

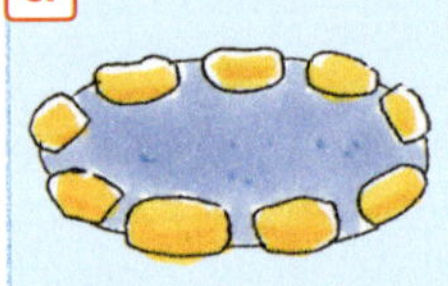

← 7 → 10

7.

← 6 → 3

8.

← 12 → 7

9.

← 6 → 8

10.

← 4 → 12

11.

← 8 → 9

12.

← 4 → 2

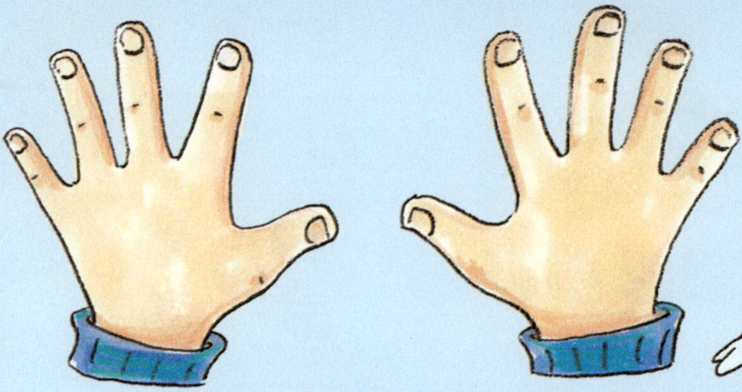

10 = 5 und 5 Finger

Wie viele Finger sind versteckt?

1.

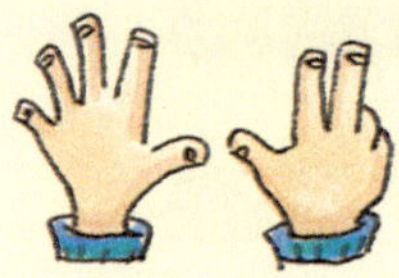

6 2

2.

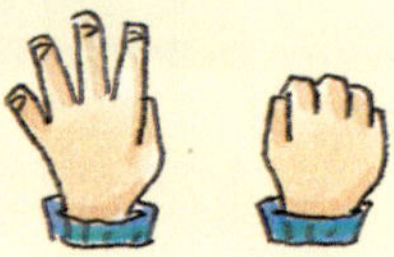

6 4

3.

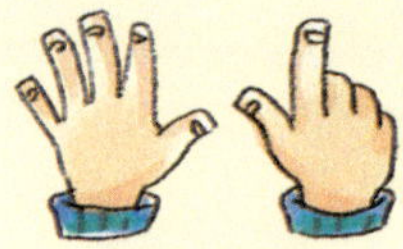

3 6

4.

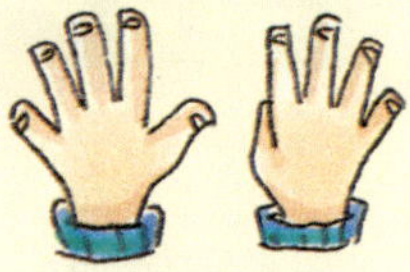

1 3

5.

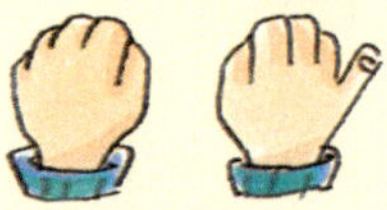

7 9

6.

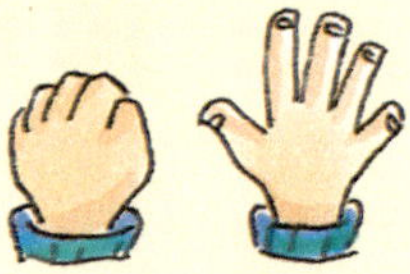

4 5

7.

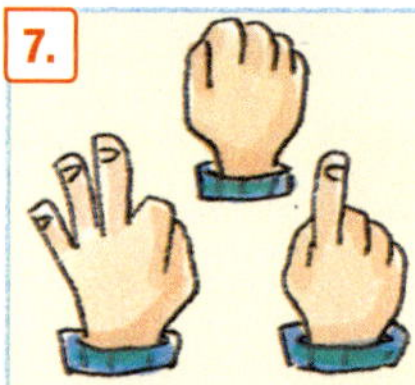

11 10

8.

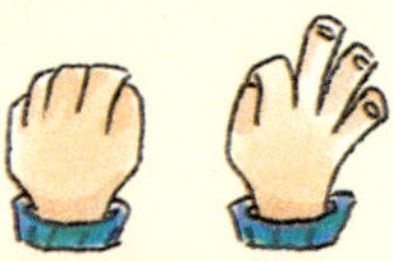

7 8

9.

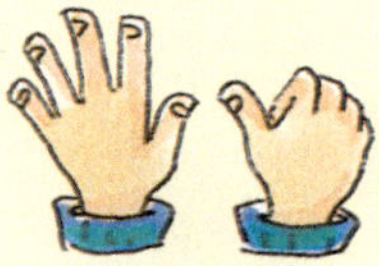

4 5

10.

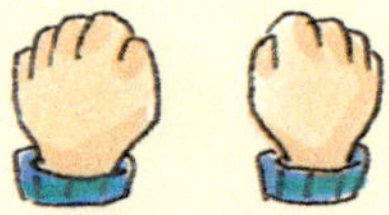

10 7

11.

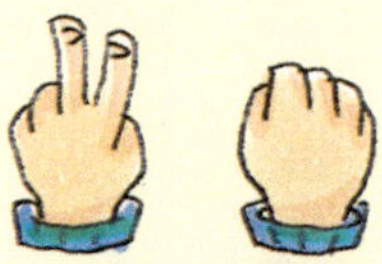

4 8

12.

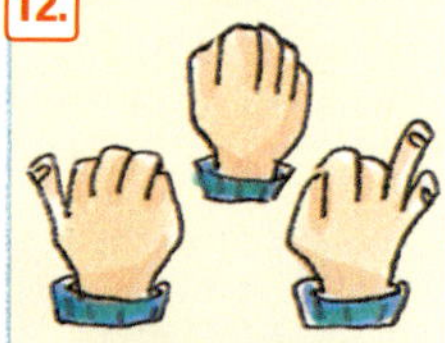

10 12

Zählstrategien

Zähle geschickt.

1.

2.

3.
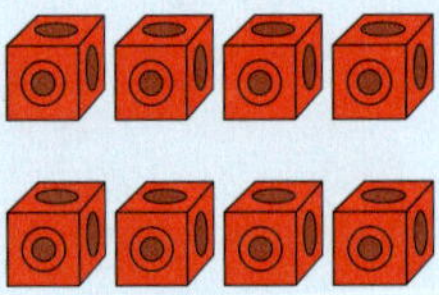

4.

5.

6.
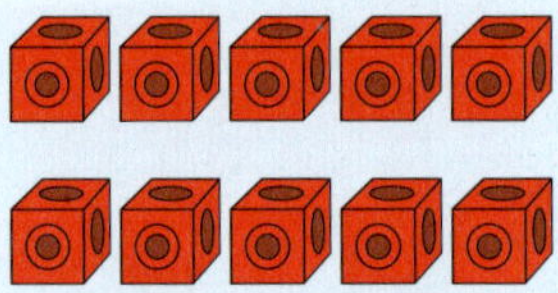

7.
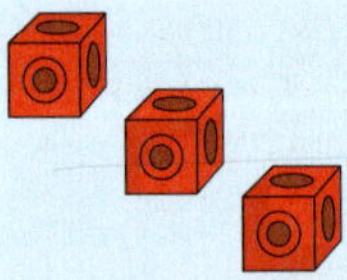

8.

9.

10.

11.

12.

Welche Zahlenkarte fehlt?

1.

2.

3.

4.

5.

6.

7.

8.

9.

10.

11.

12.

An welcher Stelle parkt das Auto?

1.

2.

3.

4.

5.

6.

Welches Kind ist es?

7.

8.

9.

10.

11.

12.

7 > 3
7 ist größer als 3

6 = 6
6 gleich 6

4 < 7
4 ist kleiner als 7

Vergleiche. Welche Zahl passt?

1.  < ☐ — 7 | 3

2. 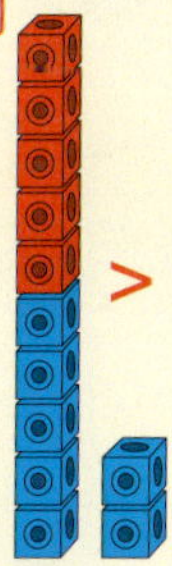 > ☐ — 12 | 11

3.  < ☐ — 10 | 2

4.  > ☐ — 8 | 12

5.  < ☐ — 3 | 1

6. 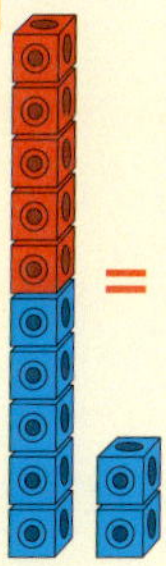 = ☐ — 10 | 12

7.  > ☐ — 7 | 5

8.  > ☐ — 6 | 1

9.  = ☐ — 9 | 7

10. 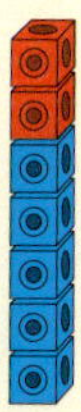 > ☐ — 8 | 4

11.  < ☐ — 2 | 0

12. 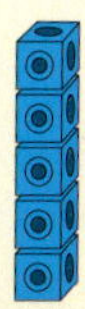 < ☐ — 4 | 6

Geometrische Körper und Formen

Welcher Körper ist es?

Welche Fläche ist es?

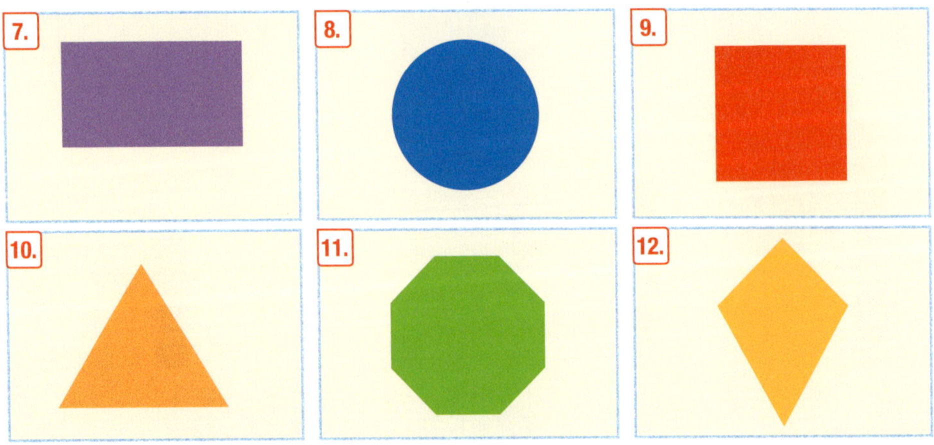

Wie wurden die Zahlen zerlegt?

1.

4 3

2.

6 8

3.

9 1

4.

3 7

5.

7 4

6.

5 2

7.

11 4

8.

10 9

9.

2 6

10.

3 8

11.

4 10

12.

12 0

$3 + \square$

Welche Zahl fehlt?

1. $4 + \square$
2. $8 + \square$
3. $9 + \square$
4. $3 + \square$
5. $5 + \square$
6. $0 + \square$
7. $7 + \square$
8. $2 + \square$
9. $10 + \square$
10. $1 + \square$
11. $6 + \square$
12. $3 + \square$

Lösung	5	1	6	7	2	10	Lösung	4	9	3	8	7	0
Feld	16	21	19	20	23	24	Feld	14	15	17	13	18	22

Addiere die Zahlen. Wie heißt das Ergebnis?

1. 7 + 2 = ☐

2. 4 + 4 = ☐

3. 1 + 6 = ☐

4. 10 + 2 = ☐

5. 3 + 3 = ☐

6. 2 + 2 = ☐

7. 4 + 6 = ☐

8. 1 + 0 = ☐

9. 6 + 5 = ☐

10. 2 + 1 = ☐

11. 2 + 3 = ☐

12. 1 + 1 = ☐

Lösung	8	4	5	6	9	12	1	2	11	7	3	10
Feld	23	24	13	16	19	20	14	17	21	22	15	18

Tauschaufgaben

Finde die passende Tauschaufgabe.

1.

7 + 3 = __

2.

4 + 5 = __

3.

9 + 3 = __

4.

6 + 2 = __

5.

8 + 5 = __

6.

1 + 7 = __

7.

5 + 8 = __

8.

4 + 3 = __

9.

6 + 6 = __

10.

2 + 8 = __

11.

2 + 5 = __

12.

6 + 5 = __

Lösung	2 + 6 = _	3 + 7 = _	7 + 1 = _	5 + 4 = _	3 + 9 = _	6 + 6 = _
Feld	19	20	23	24	21	22
Lösung	8 + 5 = _	8 + 2 = _	5 + 6 = _	3 + 4 = _	5 + 8 = _	5 + 2 = _
Feld	17	16	18	13	15	14

Finde die passende Rechnung.

1. 7 + 2 = __	2. 9 + 4 = __	3. 2 + 2 = __	4. 2 + 1 = __
5. 2 + 3 = __	6. 6 + 2 = __	7. 4 + 2 = __	8. 10 + 5 = __
9. 6 + 4 = __	10. 9 + 3 = __	11. 4 + 3 = __	12. 8 + 3 = __

Lösung	15	11	12	6	7	5	13	8	9	3	10	4
Feld	14	17	15	18	13	16	23	24	19	20	22	21

Zahlen bis 20 – Nachbarzahlen

Welche Zahlen fehlen?

1.

2.

3.

4.

5.

6.

Lösung	11, 13	18, 20	15, 17	16, 18	10, 12	9, 11
Feld	11	8	7	12	10	3

Wie heißt der Vorgänger? Wie heißt der Nachfolger?

7.

8.

9.

10.

11.

12.

Lösung	19, 21	12, 14	16, 18	14, 16	17, 19	9, 11
Feld	4	1	2	6	5	9

Subtrahieren am Zehnerfeld

Welche Rechnung passt?

1.

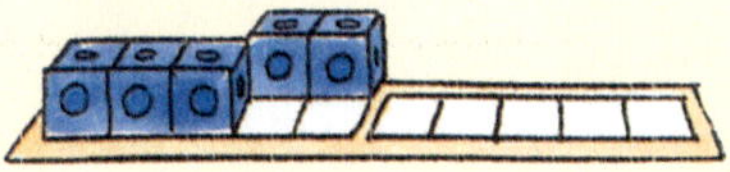

5 – 2 | 6 – 2

2.

5 – 2 | 4 – 3

3.

10 – 6 | 10 – 4

4.

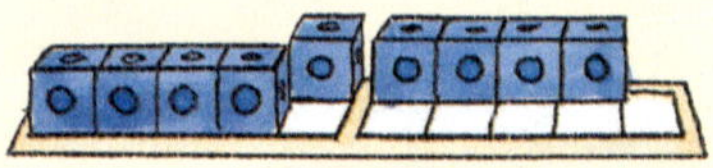

5 – 2 | 9 – 5

5.

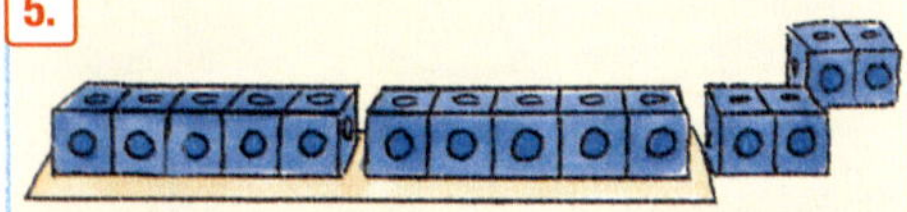

14 – 2 | 14 – 3

6.

10 – 2 | 4 – 3

7.

5 – 2 | 10 – 0

8.

5 – 2 | 9 – 2

9.

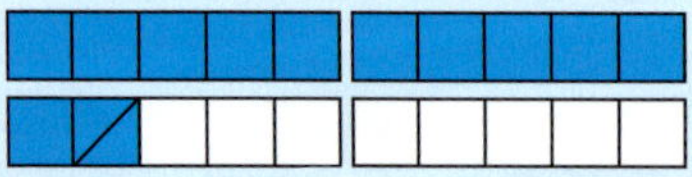

12 – 1 | 4 – 3

10.

10 – 1 | 4 – 3

11.

5 – 2 | 9 – 4

12.

9 – 7 | 4 – 3

Lösung	5-2	9-7	4-3	9-5	9-4	10-4	9-2	10-2	10-1	10-0	12-1	14-2
Feld	23	14	19	24	18	22	17	20	16	13	21	15

20 > 9

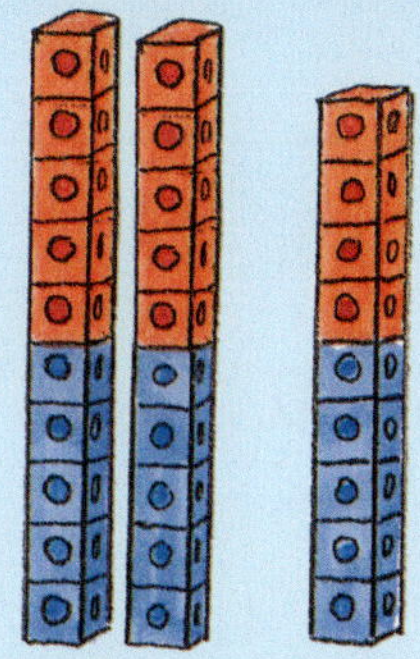

> oder = oder <?

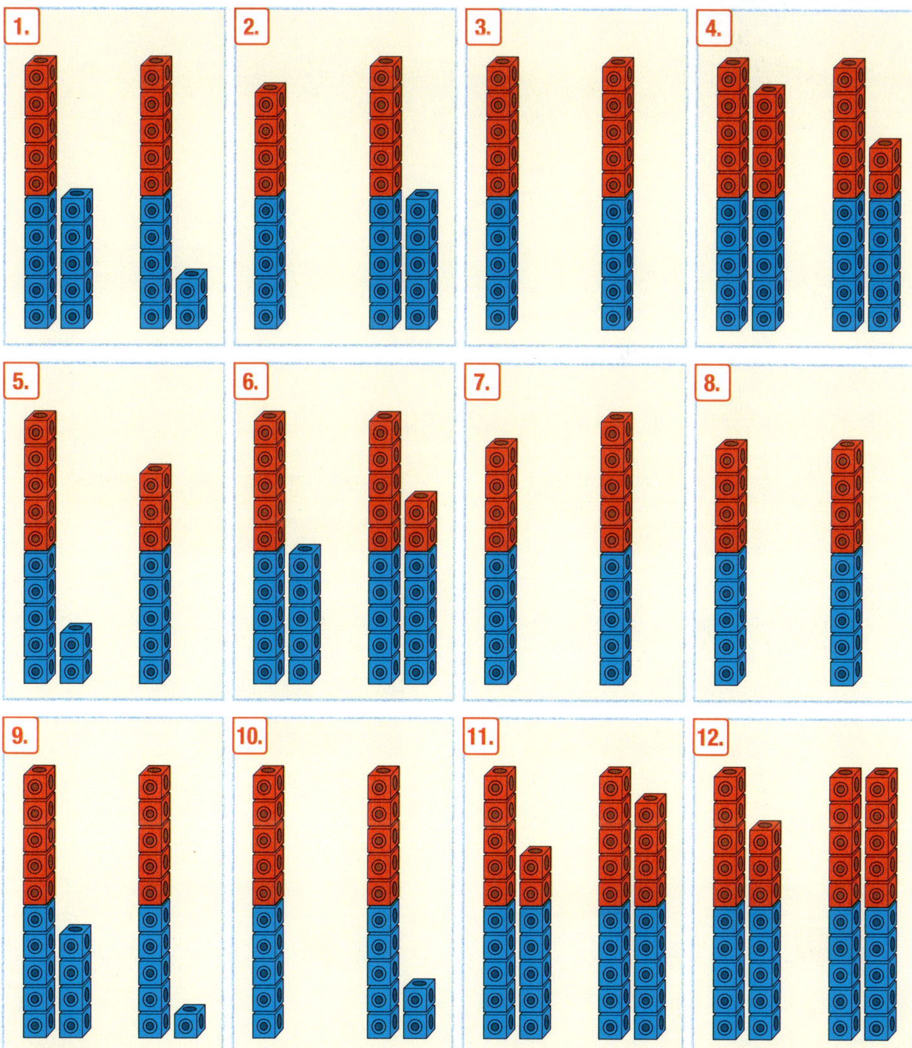

Lösung	14>11	19>17	15>12	18<20	10=10	15<17	17<19	9<10	9<15	12>8	9=9	10<12
Feld	20	18	24	16	19	21	23	15	22	13	17	14

Welche Rechenaufgabe passt?

Finde zuerst die passende Aufgabe und dann die Lösung.

Die Aufgabe ist der 1. Teil der Lösung, das Ergebnis der 2. Teil.

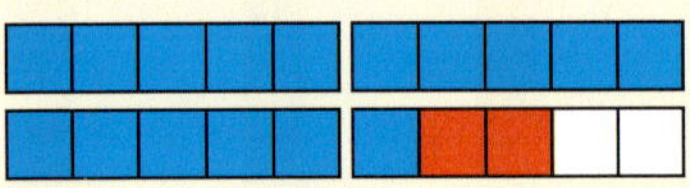

1. ____ + ____ = ____ 2.

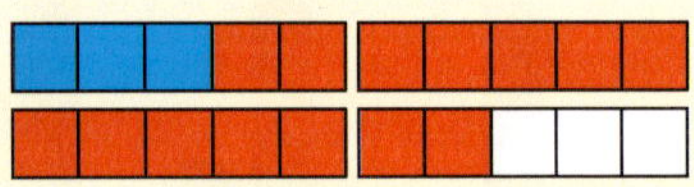

3. ____ + ____ = ____ 4.

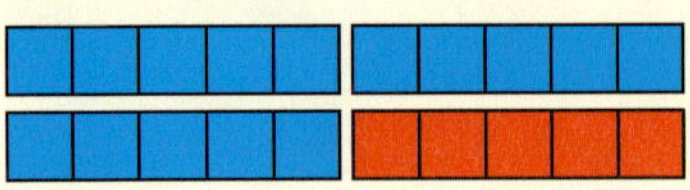

5. ____ + ____ = ____ 6.

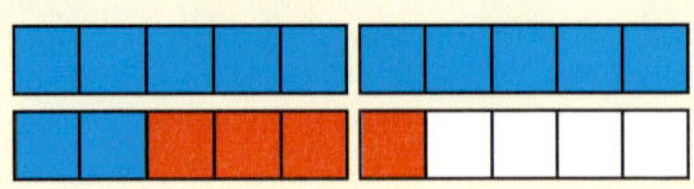

7. ____ + ____ = ____ 8.

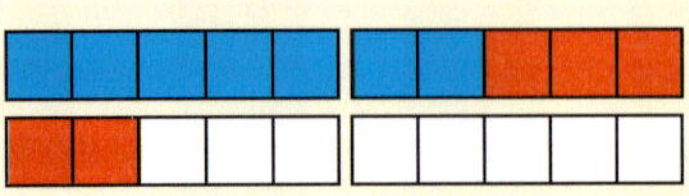

9. ____ + ____ = ____ 10.

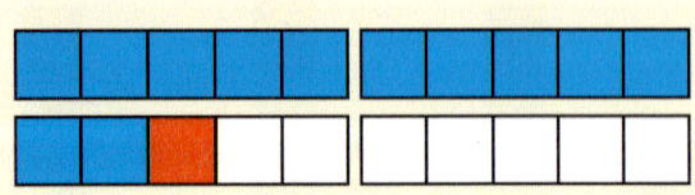

11. ____ + ____ = ____ 12.

Lösung	15+5	3+14	7+5	12+1	12+4	16+2	13	17	12	18	16	20
Feld	15	21	22	14	17	20	18	19	16	24	13	23

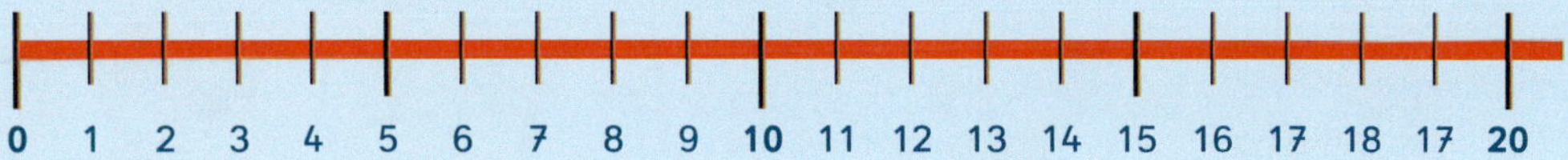

Welche Zahlen sind es?

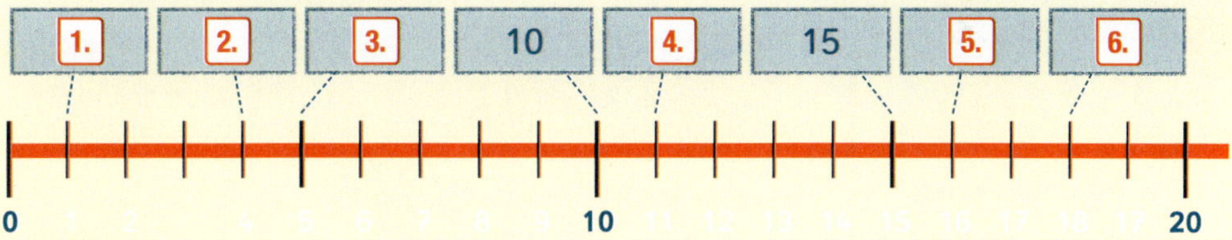

Lösung	11	4	18	1	16	5
Feld	20	23	24	19	16	22

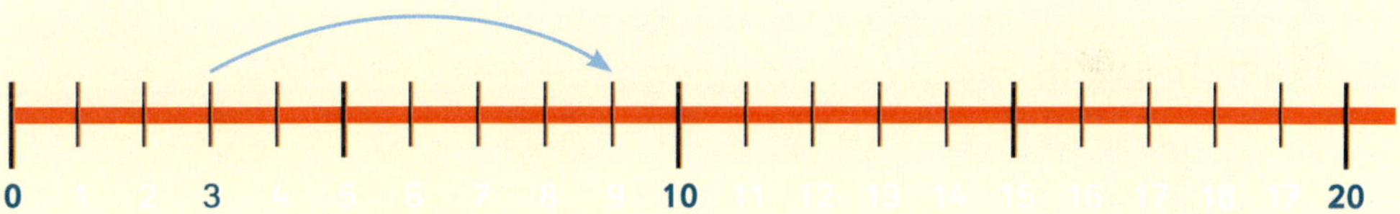

7. ____ + ____ = ____ 8.

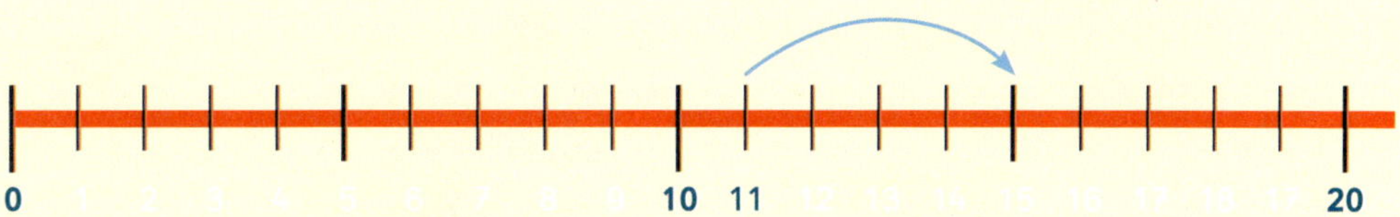

9. ____ + ____ = ____ 10.

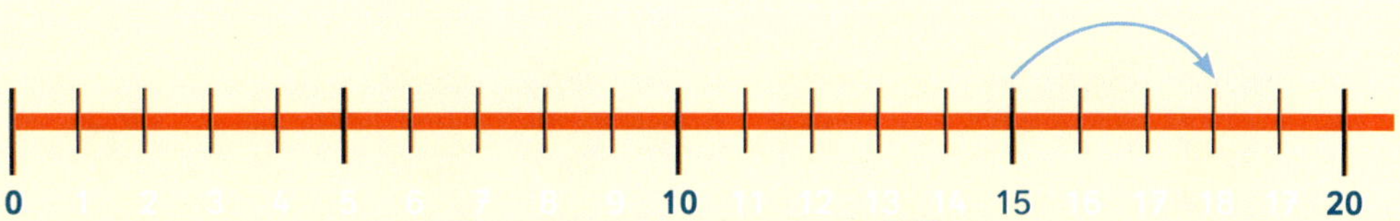

11. ____ + ____ = ____ 12.

Lösung	15 + 3	3 + 6	11 + 4	9	15	18
Feld	13	18	21	14	15	17

Wie viel Geld haben die Kinder gelegt?

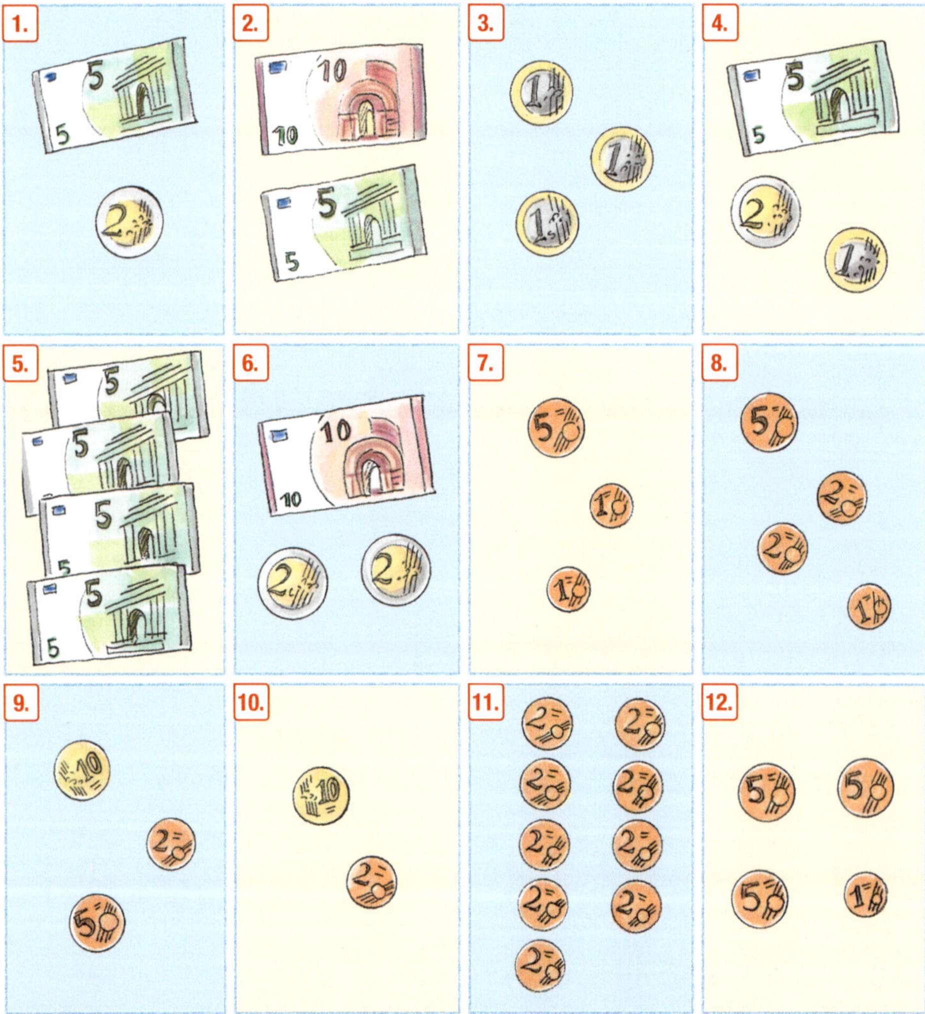

Lösung	15€	14€	7€	8€	17ct	3€	10ct	16ct	12ct	7ct	18ct	20€
Feld	3	4	1	2	5	6	7	9	12	10	8	11

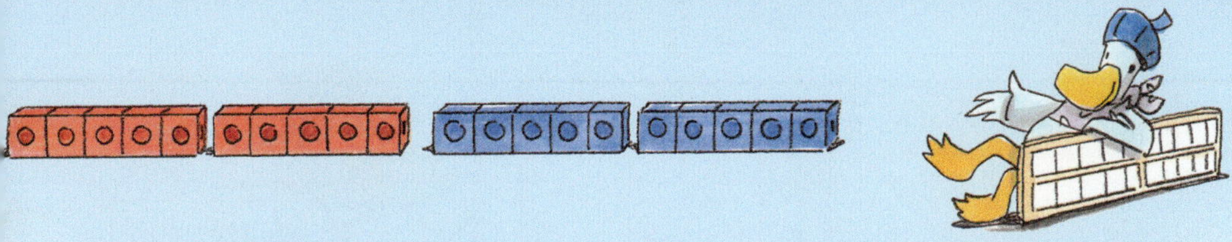

Welche Zahl fehlt?

1. 8 + 8 = ____
2. 17 + 2 = ____
3. 7 + 5 = ____
4. 11 + ____ = 15
5. 6 + ____ = 12
6. 3 + ____ = 17
7. 20 – ____ = 12
8. 15 – ____ = 8
9. 19 – ____ = 9
10. 13 – ____ = 4
11. 14 – ____ = 12
12. 16 – ____ = 11

Lösung	2	4	5	6	7	8	9	10	12	14	16	19
Feld	16	22	18	13	15	17	14	20	19	23	21	24

Welche Ungleichung passt?

1. 5 + 5 ◯ 12
2. 10 + 1 ◯ 15
3. 8 + 3 ◯ 10
4. 5 + 3 ◯ 6
5. 9 + 2 ◯ 15
6. 8 + 2 ◯ 12

Lösung	9 + 2 < 15	8 + 3 > 10	5 + 5 < 12	8 + 2 < 12	5 + 3 > 6	10 + 1 < 15
Feld	2	7	10	11	9	12

Welche Zahlen passen?

7. 6 + 4 > 6 + ____
8. 7 + 3 < 4 + ____
9. ____ + 4 < 5 + 0
10. ____ + 8 > 8 + 5
11. 4 + 8 < 5 + ____
12. 12 + 6 > ____ + 15

Lösung	0	0, 1, 2, 3	6, 7, 8, 9	7, 8, 9, 10	0, 1, 2	8, 9, 10
Feld	8	6	1	4	5	3

Symmetrie / Spiegelung

Welches Bild entsteht?

1.

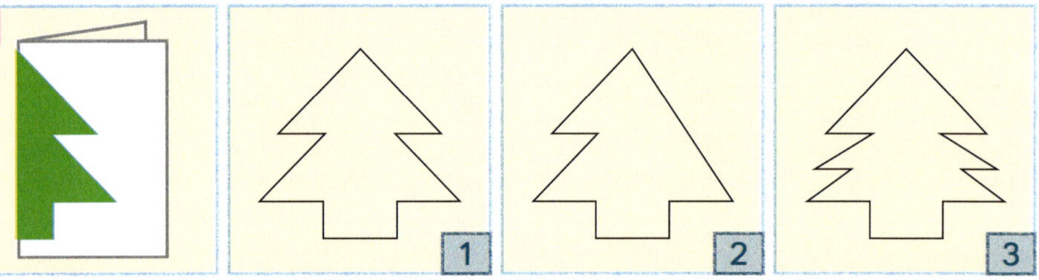

2.

3.

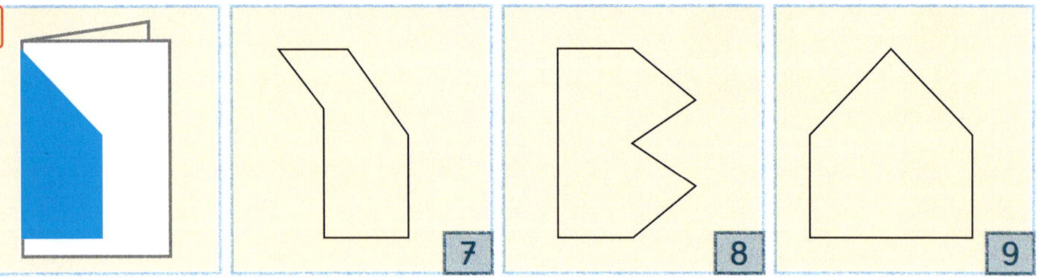

4.

Lösung 1. – 4.	1	9	5	11
Feld	1	6	3	2

Finde die richtige Spiegelung.

5.

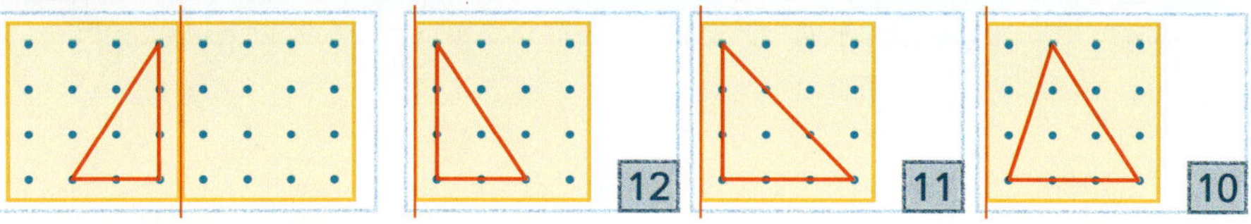

6.

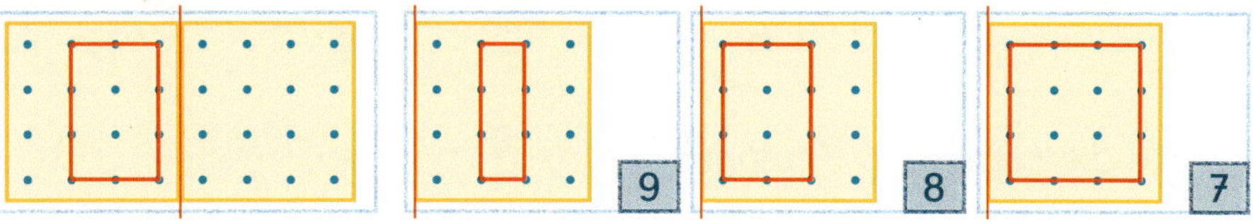

7.

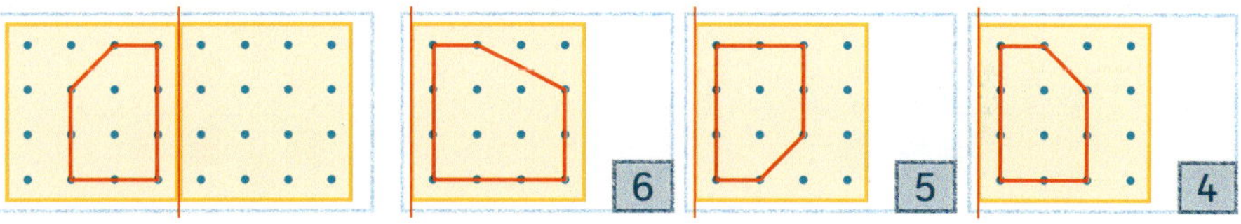

8.

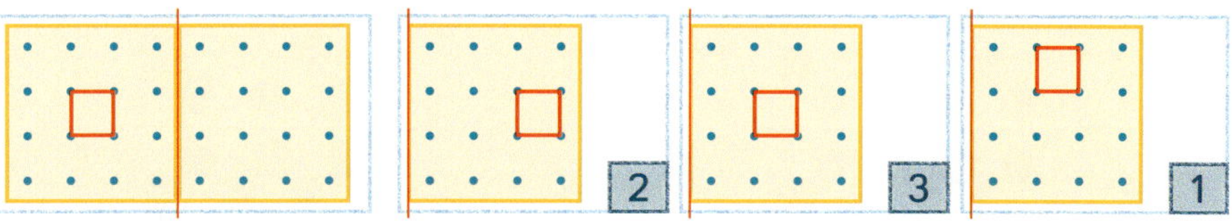

Und noch mehr Spiegelungen.

9.

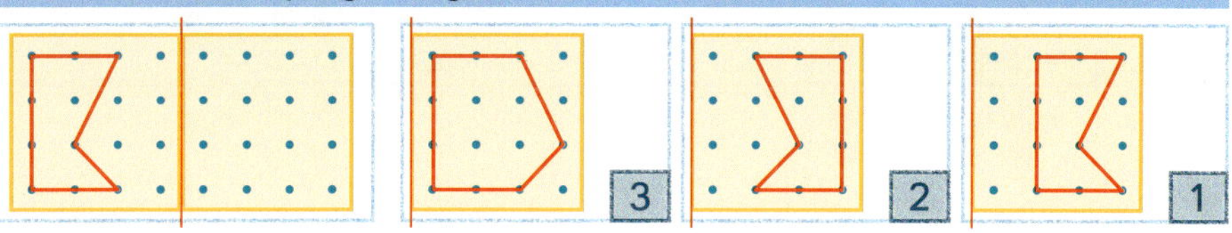

10.

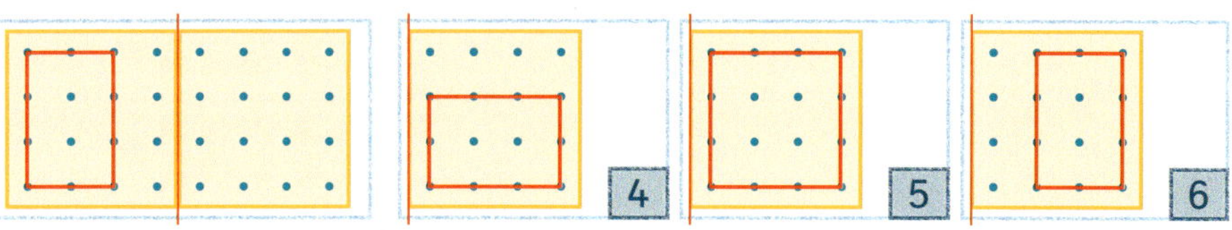

11.

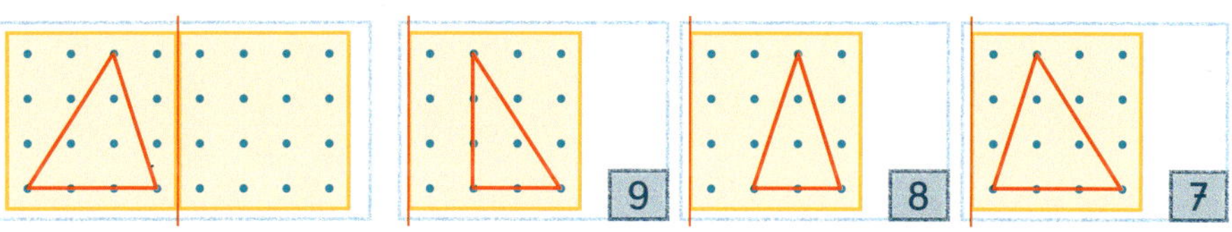

12.

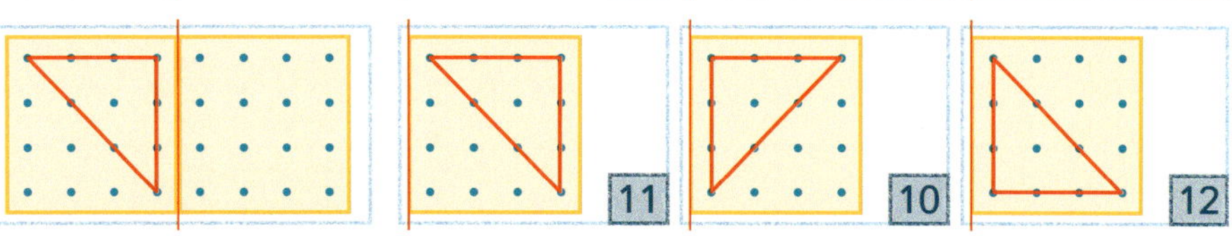

Lösung 5. – 8.	8	4	12	3
Feld	4	10	12	8

Lösung 9. – 12.	6	10	7	2
Feld	11	9	7	5

Finde die passende Verdopplung.

1.
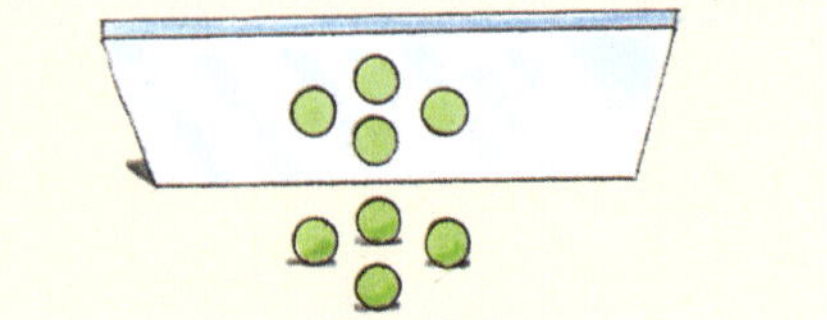

2.
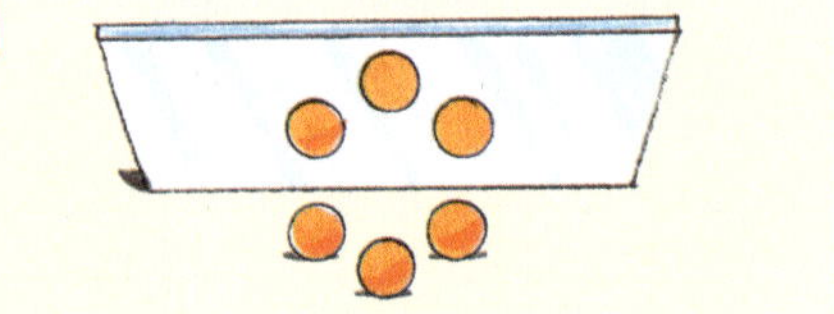

3.
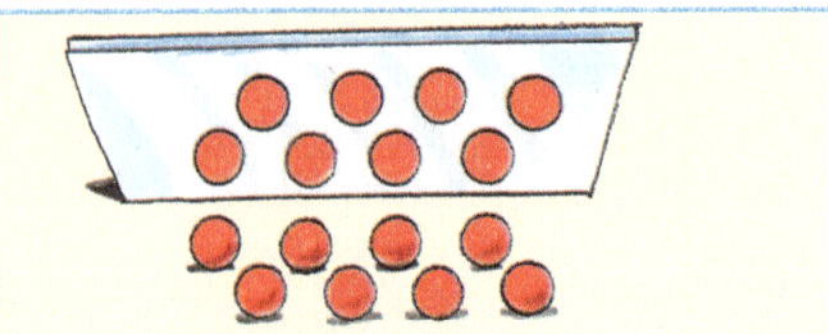

4.
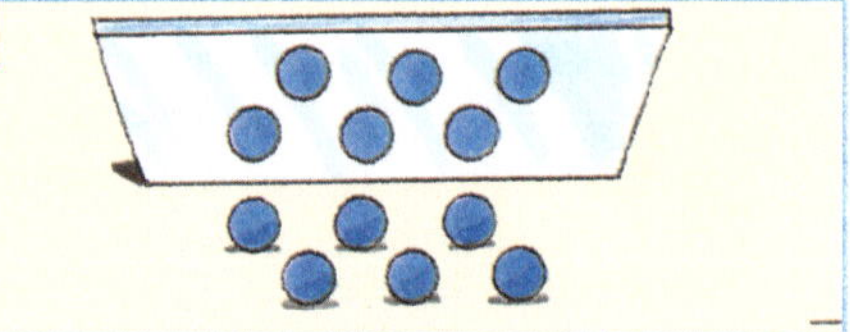

5.

6.
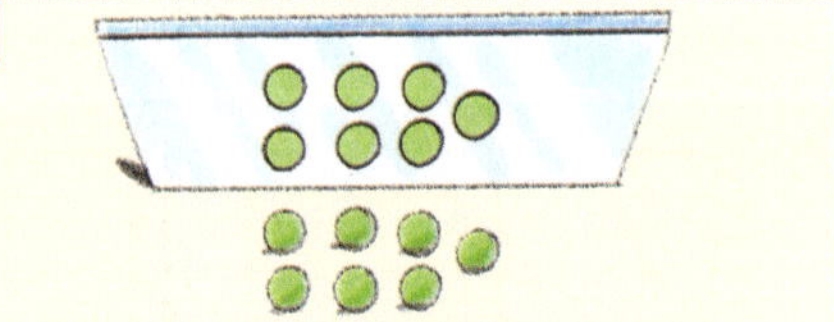

7.

8.
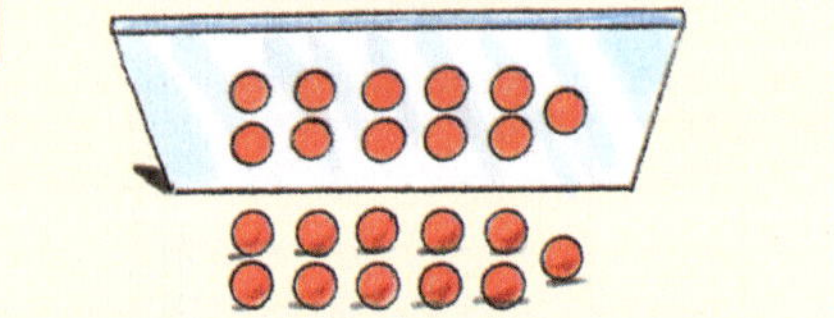

9.

10.
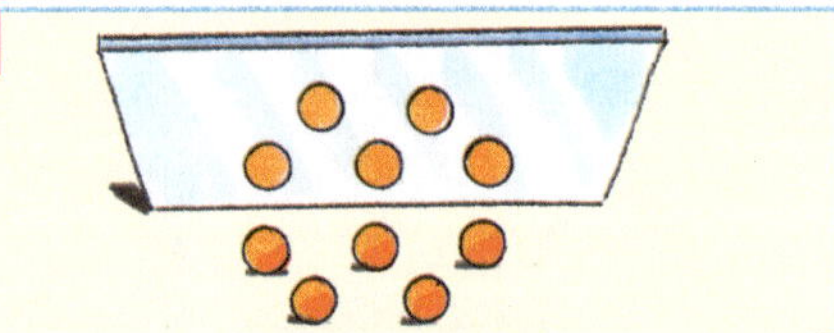

11.
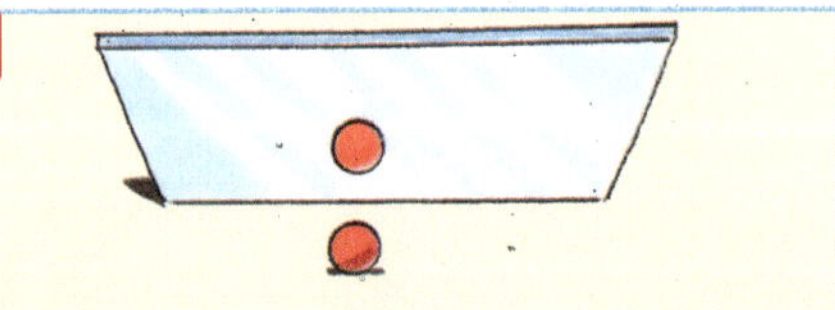

12.
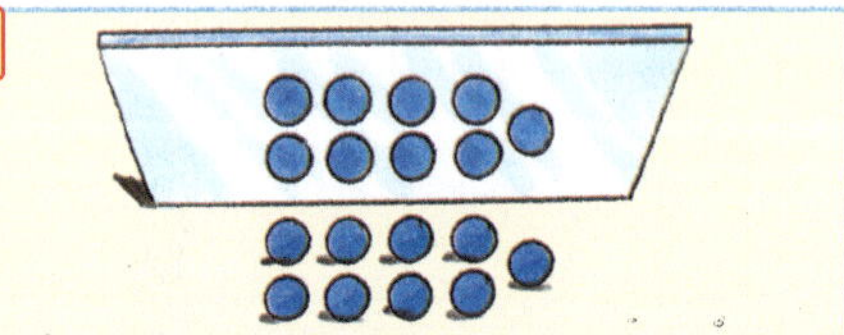

Lösung	1 + 1	8 + 8	10 + 10	2 + 2	4 + 4	0 + 0	6 + 6	5 + 5	11 + 11	3 + 3	9 + 9	7 + 7
Feld	7	6	12	5	1	10	2	11	8	3	9	4

Finde die passende Halbierung.

1.
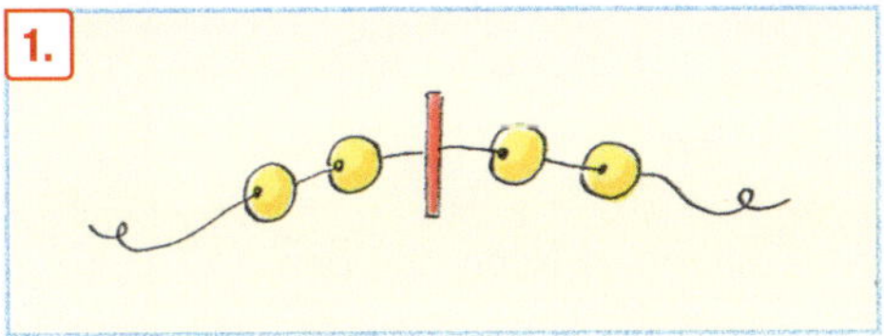

2.

3.
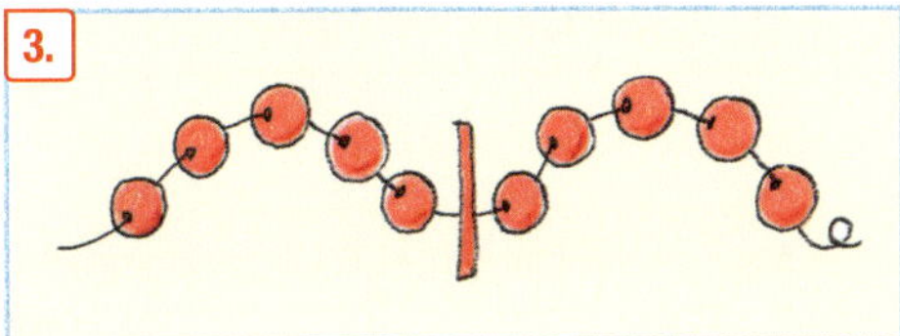

4.

5.
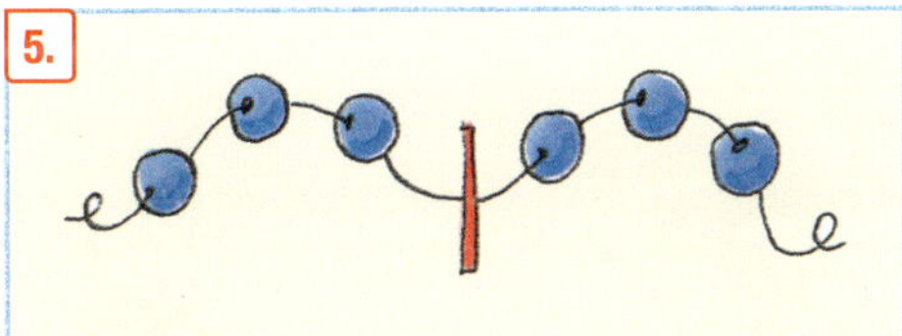

6.
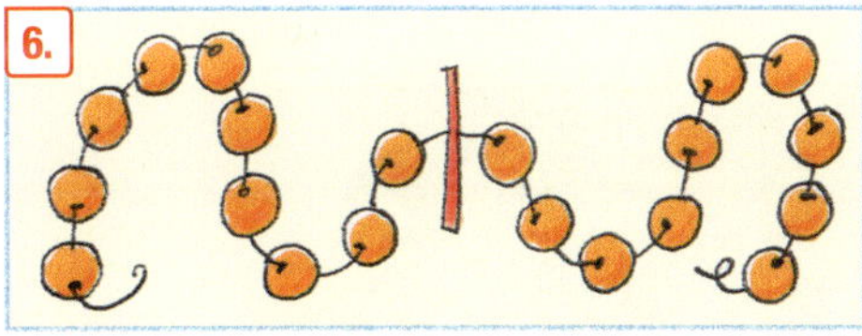

7.

8.
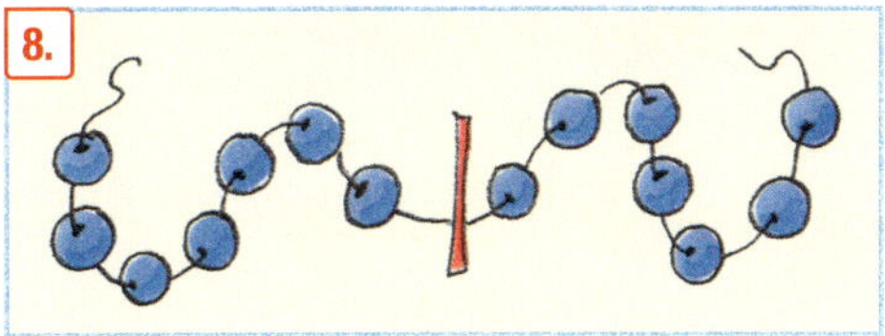

9.

10.

11.
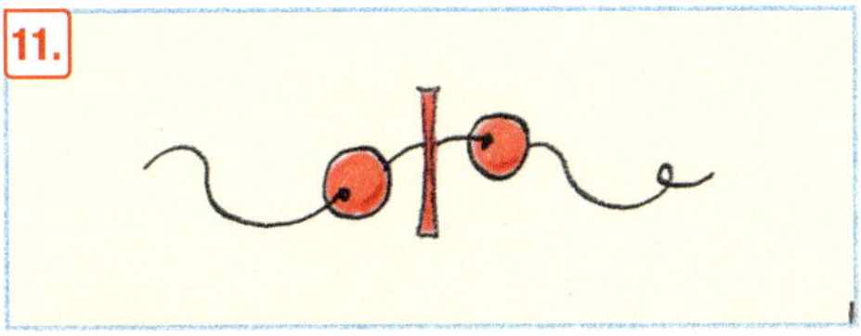

12.
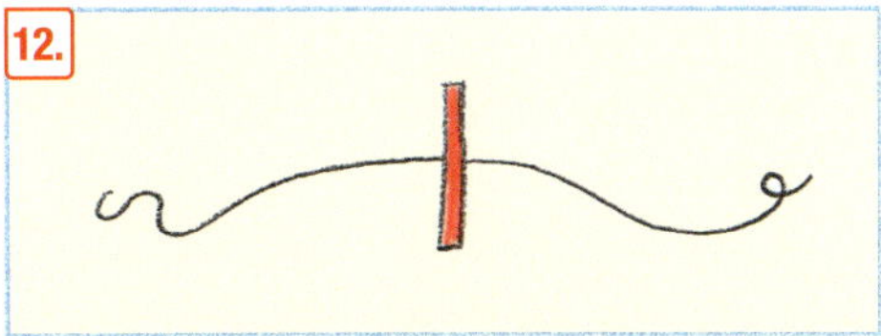

Lösung	2=1+_	12=6+_	18=9+_	4=2+_	16=8+_	10=5+_	20=10+_	6=3+_	22=11+_	14=7+_	0=0+_	8=4+_
Feld	6	1	8	12	11	9	7	3	10	5	2	4

Lieblingssportarten

Handball	Hanna	Luisa	Max	Leon	Jack
	Cora	Nina			
Tanzen	Cora	Hanna	Luisa		
Fußball	Lisa	Paul	Simon	Noah	Ben
	Peter	Mia	Ali	Nick	Alina
	Emma				
Schwimmen	Moritz	Jan	Nina	Annika	Cora
	Hanna	Mia	Lisa		

Sieh dir die Tabelle oben an und beantworte die Fragen.

1. Wie viele Kinder Schwimmen?

2. Wie viele Jungen sind in der Klasse?

3. Wie viele Mädchen sind in der Klasse?

4. Wie viele Kinder spielen Handball?

5. Wie viele gehen zum Tanzen?

6. Wie viele Kinder gehen zum Fußball?

sicher | möglich | unmöglich

Welcher Satz passt?

10

2

6

1

7. Es ist sicher, dass ich einen grünen Fisch angele.

8. Es ist sicher, dass ich einen roten Fisch angele.

9. Es ist unmöglich, dass ich einen roten oder grünen Fisch angele.

10. Es ist möglich, dass ich einen roten Fisch angele.

11.

Wie viele Fische müssen rot sein, damit du sicher einen roten Fisch fängst?

12.

Wie viele Fische müssen gelb sein, damit du sicher einen gelben Fisch fängst?

Lösung	1	10	3	4	5	6	7	8	9	2	11	12
Feld	17	14	13	16	18	15	22	21	19	20	23	24

Welche Aufgabe passt zum Bild?

1. 5 + 7 = __	2. 2 – 1 = __	3. 5 + 4 = __	4. 6 + 4 = __
5. 7 – 3 = __	6. 2 + 1 = __	7. 3 + 4 = __	8. 9 + 4 = __
9. 5 + 6 = __	10. 2 + 3 = __	11. 15 – 1 = __	12. 9 – 3 = __

Lösung	6	13	4	14	7	5	3	1	9	11	10	12
Feld	5	4	2	3	6	1	11	12	7	8	9	10

Wie viel müssen die Kinder bezahlen?

1.

2.

3.

4.

5.

6.

Wie viel Geld bleibt übrig?

7.

8.

9.

10.

11.

12.

Lösung	8€	10€	14€	19€	21€	3€	13€	4€	12€	20€	6€	18€
Feld	1	12	10	9	7	5	11	4	6	3	2	8

Welche Zahlen passen?

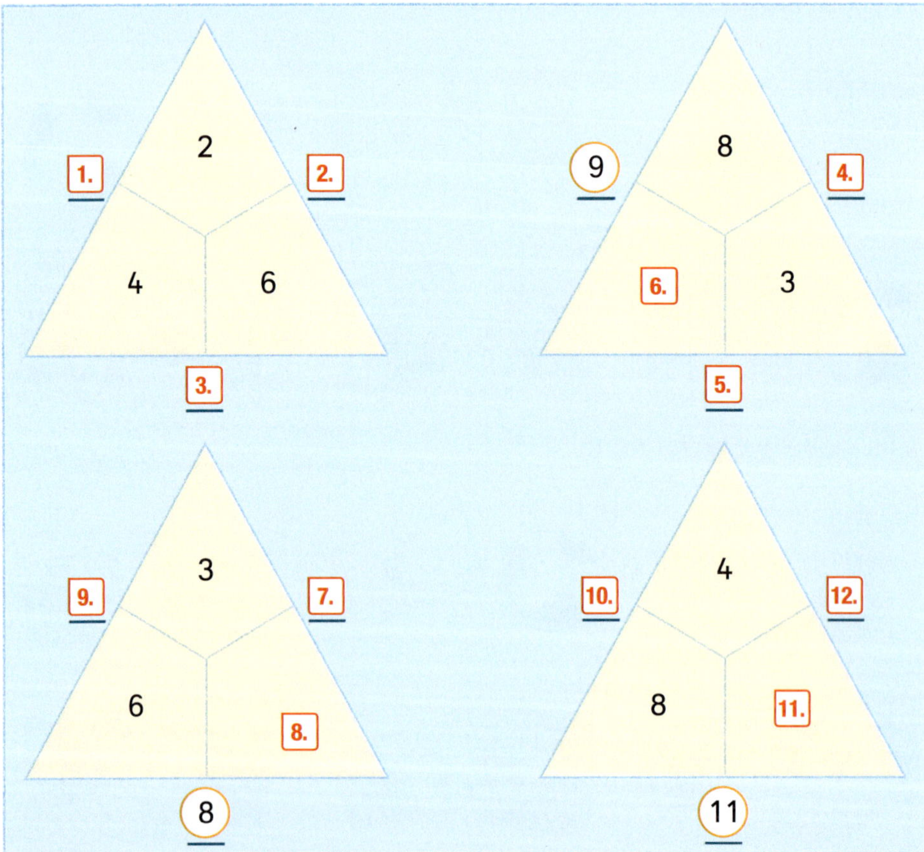

Lösung	1	2	3	4	5	6	7	8	9	10	11	12
Feld	10	7	8	11	3	2	4	9	6	5	1	12

Welche Zahl fehlt?

1. oben: ___ — unten: 2 | 2

2. oben: ___ — unten: 5 | 4

3. oben: ___ — unten: 6 | 5

4. oben: ___ — unten: 9 | 9

5. oben: ___ — unten: 0 | 8

6. oben: ___ — unten: 8 | 4

7. oben: ___ — unten: 9 | 6

8. oben: ___ — unten: 10 | 7

9. oben: 9 — unten: 2 | ___

10. oben: 19 — unten: 3 | ___

11. oben: 14 — unten: 8 | ___

12. oben: 20 — unten: ___ | 7

Lösung	8	6	9	12	15	16	11	7	17	13	18	4
Feld	16	14	23	24	17	15	21	22	13	18	20	19

Wie spät ist es?

Lösung	19 Uhr	24 Uhr	15 Uhr	17 Uhr	23 Uhr	14 Uhr	22 Uhr	20 Uhr	21 Uhr	13 Uhr	16 Uhr	18 Uhr
Feld	12	5	3	4	2	11	6	7	8	9	10	1